이창우 박사의

맛기행치료

창세기: 믿음의 가문을 세우자

이창우 목사

추 천 사

이 책은 성경을 구속사적으로 알기 쉽게 풀어서 삶에 깊숙이 적용하도록 돕는 성경 교재로 오랫동안 교회와 신학교에서 성경을 강해하고 가르쳤던 '맛기행치료' 창세기 편 '믿음의 가문을 세우자'를 이창우 박사님이 출판하게 된 것을 진심으로 축하드린다.

나는 추천사를 쓰기 위해서 책 제목을 보고 '맛집 기행문 & 웰빙 테라피'에 대한 책으로 오해를 하였다. 성경을 보는 안목이 탁월한 저자는 박사학위 논문 제목을 이 책의 제목으로 선정하게 된 이유를 알았다. 성경은 창세기에서 선악과를 먹는 사건에서부터 요한계시록의 생명 나무의 열매를 먹는 사건으로 끝을 맺고 있다. 구약성경의 핵심적인 교훈은 유월절을 먹음으로 시작되는 구속사로 시작해서 신약성경의 예수 그리스도의 살과 피를 먹는 구속사로 끝나는 것이 성경 전체에 흐르고 있는 핵심적인 주제다.

성경에서는 먹는 것(eating)을 믿음(faith)으로 동일시한다. 하나님께서 지정하신 음식의 맛을 음미하면서 믿음으로 먹는 사람은 자신의 영혼몸에서 놀라운 치료의 효력을 경험하게 된다. 사탄이 먹어보라는 것을 먹었던 아담은 그것이 영혼몸의 독소가 되어 서서히 병들고 망가져서 마침내 죽음으로 멸망하게 되었다. 하나님은 선지자 에스겔에게 "입을 벌려 두루마리 책을 먹어서 배와 창자에 채우라"고 명령하셨는데 그가 먹은 두루마리의 맛은 꿀같이 달았다고 하였다.(에스겔 3:3)
사탄은 광야에서 금식기도 하시는 예수께 찾아와서 "돌이 떡이 되게 하여 먹으라"고 유혹하였지만, 예수께서는 "사람이 떡으로만 살 것이 아니요 하나님의 입으로부터 나오는 모든 말씀으로 살 것이라"(마태복음 4:4)는 신명기의 말씀으로 거절하셨다.

'맛기행치료' 교재는 사람에게 가장 필요한 생명의 양식(糧食)이며, 병약한 자를 치료하는 메디신(Medicine)으로 테라피(Therapy) 효과를 주는 명약(名藥)이라고 생각한다. 제1권 창세기 편에서 '믿음의 가문을 세우자'라는 주제는 창세기에 등장하는 4대 족장들을 통해서 세계사에서 찾아보기 힘든 신앙의 명문 가문을 세운 자들의 기록이다. 메소포타미아 문명의 발상지 우르(Ur)에서 평탄한 삶을 살았던 한 사람이 하나님께서 약속의 땅으로 불러내어 믿음의 아버지가 되도록 복의 근원으로 세워진 아브라함 이야기. 백 세 노인의 몸에서 태어난 희귀한 사람이 아버지를 따라 모리아 산에 올라가서 하나님의 번제물 역할을 하였는데 하나님께 백배의 복을 받은 이삭 이야기. 쌍둥이 아들로 태어나서 장자의 복을 사모한 명분만 장자였으나 그를 실제적인 장자 이스라엘이 되도록 하나님께서 그의 삶을 간섭하셨던 야곱의 이야기. 아버지의 사랑과 형제들의 미움을 동시에 받았던 사람이 억울하게 애굽의 노예로 팔려갔지만, 하나님께서 주셨던 꿈을 붙잡고 인내하여 마침내 애굽의 총리가 되었다. 그는 '가지가 담장을 넘어가는' 복을 받아서 열국을 살리는 요셉 이야기를 통해 먹을 수 있는 맛기행은 영육을 치료하는 효과가 놀랍다.

'맛기행치료'가 독자들을 맛있는 곳으로 인도하여서 삶의 테라피를 경험하게 하는 훌륭한 성경 교재며 앞으로 신구약 66권의 '맛기행치료'를 다시 찾을 수 있게 만드는 주옥같은 교재이기에 추천한다.

재건서면교회 김종길 목사

서 문

현대인들은 바쁜 일상가운데 살면서 가장 소중한 것을 잃어버리고 살아갈 때가 많이 있다. 사람이 가정과 직장에서 또는 학교나 교회에서 신앙생활을 하면서 받는 스트레스로 말미암아 정신적인 여유가 없이 살아가는 경우가 허다하다.

사람의 구조는 기능적으로 영, 혼, 육으로 이루어져 있다. 영혼과 육체의 욕구가 채워질 때 전인적으로 건강한 삶을 살 수 있다. 21C 목회는 전인건강 목회의 시대이다.

맛기행치료는 하나님의 말씀으로 영적인 충족이 이루어지고, 새로운 곳을 여행함으로써 혼적인 욕구가 충족되어지며, 그 지역의 토속음식을 먹는 체험을 통하여 육적인 욕구를 채우게 한다. 맛기행치료를 통하여 영, 혼, 육, 사람과의 관계, 일, 놀이, 지구환경을 돌보는 과정을 거치면서 전인적으로 건강한 사람으로 변화되고 새로워지는 시간이다.

모쪼록 지치고 힘든 일상생활을 탈피하여 자연의 품속에서 육체의 안식을 누리고 하나님의 말씀과 기도로 영혼의 재충전의 시간이 되기를 바란다.

저자

◆ 차 례 ◆

1

하나님의 창조와 구원

(창1:1-5)

20세기 신학자 칼 바르트는 하나님의 말씀에 대해서 3가지로 이해하였다.

첫째, 계시된 말씀 즉 예수 그리스도이다. 하나님은 영이라 뼈와 살을 가지고 있지 않다. 영이신 하나님을 사람이 가장 알아보기 쉽게 볼 수 있는 분이 바로 예수 그리스도이다. 예수 그리스도는 말씀이 육신이 되어서 이 땅에 오신 하나님의 아들이다.

둘째, 기록된 말씀 즉 성경이다. 구약 39권과 신약 27권을 합하여 정경으로 채택된 말씀이다. 특히 복음적인 내용으로 예수 그리스도가 이 땅에 오셔서 공생애를 사는 동안 가르치고 치유하고 전파하는 과정을 기록하고, 모든 인류의 죄를 위하여 십자가를 지고 죽었다가 삼일 만에 부활하여 승천하셨다가 재림의 주로 다시 오는 내용이 기록된 말씀이다.

셋째, 선포된 말씀 즉 설교 말씀이다. 선지자들과 사도들이 하나님의 말씀을 기록한 성경책을 오늘날 목사들이 다시 설교

하면서 전해지는 메시지를 말한다. 하나님은 주의 종을 통하여 메시지를 성도들에게 전하신다.

오늘날 우리는 하나님께서 우리에게 말씀하시는 다양한 방법을 습득하는 훈련을 할 필요성을 느낀다. 왜냐하면 그것은 영적인 채널을 맞추어서 하나님의 말씀을 듣는 아주 중요한 일이기 때문이다. 창세기의 다양한 말씀을 공부함으로써 하나님의 음성을 듣는 소중한 시간이 되기를 바란다.

1. 천지를 창조하신 하나님

◉ 창1:1-5/ 1 태초에 하나님이 천지를 창조하시니라 2 땅이 혼돈
하고 공허하며 흑암이 깊음 위에 있고 하나님의 영은 수면 위에 운
행하시니라 3 하나님이 이르시되 빛이 있으라 하시니 빛이 있었고
4 빛이 하나님이 보시기에 좋았더라 하나님이 빛과 어둠을 나누사
5 하나님이 빛을 낮이라 부르시고 어둠을 밤이라 부르시니라 저녁이
되고 아침이 되니 이는 첫째 날이니라

1) 천지창조는 태초에 이루어졌다.

* 브레쉬트(창1:1)

* 아르케(요1:1)

2) 2절의 '땅'과 10절의 '땅'의 개념을 이해하자.

3) 하나님은 말씀으로 천지를 창조하셨다.

4) 첫째 날에서 일곱째 날까지 만드신 일을 살펴보자

1. 2. 3.

4. 5. 6. 7.

2. 인류의 조상에게 내려진 하나님의 문화명령

◉ 창1:28/ 28 하나님이 그들에게 복을 주시며 하나님이 그들에게 이르시되 생육하고 번성하여 땅에 충만하라, 땅을 정복하라, 바다의 물고기와 하늘의 새와 땅에 움직이는 모든 생물을 다스리라 하시니라

1) 생육하고 번성하여 땅에 충만하라 땅을 정복하라.

2) 사단은 뱀의 모습으로 나타나 하나님의 명령을 지키지 못하도록 하와를 유혹하여 선악을 알게 하는 동산 중앙의 나무의 열매를 먹게 하였다.

3) 범죄함으로 아담과 하와, 뱀에게 내려진 벌은 무엇인가?

3. 가계에 흐르는 저주를 차단하라

◉ 창4:1-15/ 1 아담이 그의 아내 하와와 동침하매 하와가 임신하
여 가인을 낳고 이르되 내가 여호와로 말미암아 득남하였다 하니라
2 그가 또 가인의 아우 아벨을 낳았는데 아벨은 양 치는 자였고 가
인은 농사하는 자였더라 3 세월이 지난 후에 가인은 땅의 소산으로
제물을 삼아 여호와께 드렸고 4 아벨은 자기도 양의 첫 새끼와 그
기름으로 드렸더니 여호와께서 아벨과 그의 제물은 받으셨으나 5 가
인과 그의 제물은 받지 아니하신지라 가인이 몹시 분하여 안색이 변
하니 6 여호와께서 가인에게 이르시되 네가 분하여 함은 어찌 됨이
며 안색이 변함은 어찌 됨이냐 7 네가 선을 행하면 어찌 낯을 들지
못하겠느냐 선을 행하지 아니하면 죄가 문에 엎드려 있느니라 죄가
너를 원하나 너는 죄를 다스릴지니라 8 가인이 그의 아우 아벨에게
말하고 그들이 들에 있을 때에 가인이 그의 아우 아벨을 쳐죽이니라
9 여호와께서 가인에게 이르시되 네 아우 아벨이 어디 있느냐 그가
이르되 내가 알지 못하나이다 내가 내 아우를 지키는 자니이까
10 이르시되 네가 무엇을 하였느냐 네 아우의 핏소리가 땅에서부터
내게 호소하느니라 11 땅이 그 입을 벌려 네 손에서부터 네 아우의
피를 받았은즉 네가 땅에서 저주를 받으리니 12 네가 밭을 갈아도
땅이 다시는 그 효력을 네게 주지 아니할 것이요 너는 땅에서 피하
며 유리하는 자가 되리라 13 가인이 여호와께 아뢰되 내 죄벌이 지
기가 너무 무거우니이다 14 주께서 오늘 이 지면에서 나를 쫓아내시
온즉 내가 주의 낯을 뵈옵지 못하리니 내가 땅에서 피하며 유리하는
자가 될지라 무릇 나를 만나는 자마다 나를 죽이겠나이다 15 여호와
께서 그에게 이르시되 그렇지 아니하다 가인을 죽이는 자는 벌을 칠
배나 받으리라 하시고 가인에게 표를 주사 그를 만나는 모든 사람에
게 죽임을 면하게 하시니라

1) 삶 속에서 선을 행하는 삶이 이루어지지 않는다. (7절)

2) 하나님께 드리는 예배를 성공 할 수 없고, 태도가 불손해진다. (5절)

3) 죄와 친구가 되고 결국은 살인죄를 저지른다. (7-8절)

4) 회개하지 않는다. (9절)

5) 불평하고 두려움에 사로잡힌다. (13-14절)

6) 가계의 저주가 라멕에게까지 그대로 흘렀다.

◉ 창4:23-24/ 23 라멕이 아내들에게 이르되 아다와 씰라여 내 목소리를 들으라 라멕의 아내들이여 내 말을 들으라 나의 상처로 말미암아 내가 사람을 죽였고 나의 상함으로 말미암아 소년을 죽였도다 24 가인을 위하여는 벌이 칠 배 일진대 라멕을 위하여는 벌이 칠십칠 배이리로다 하였더라

① 라멕은 일부다처제를 받아들였다.

② 라멕은 상처를 잘 받고, 살인죄를 저질렀다.

③ 라멕은 자신에게 잘못하는 사람에게 가인보다 더 심한 복수를 한다.

4. 노아의 홍수

◉ 창6:5-8/ 5 여호와께서 사람의 죄악이 세상에 가득함과 그의 마음으로 생각하는 모든 계획이 항상 악할 뿐임을 보시고 6 땅 위에 사람 지으셨음을 한탄하사 마음에 근심하시고 7 이르시되 내가 창조한 사람을 내가 지면에서 쓸어버리되 사람으로부터 가축과 기는 것과 공중의 새까지 그리하리니 이는 내가 그것들을 지었음을 한탄함이니라 하시니라 8 그러나 노아는 여호와께 은혜를 입었더라

1) 타락의 시작은 하나님의 사람들이 세상 사람들의 외모의 아름다움만 보고 모든 여자를 아내로 삼는 사건에서 비롯된다. (창6:2)

2) 사람들이 계획하는 생각이 악하고, 그 악이 세상에 넘쳐날 때 하나님은 후회하셨고 심판이 시작되었다. (창6:5)

3) 그러나 노아는 의인이요 당대에 완전한 자로서 하나님과 동행한 인물로서 여호와께 은혜를 입었다. (창6:9)

4) 하나님은 노아에게 홍수를 대비해서 방주를 만들라고 지시하셨다. (창6:15)

5. 바벨탑 사건

◉ 창11:1-9/ 1 온 땅의 언어가 하나요 말이 하나였더라 2 이에 그
들이 동방으로 옮기다가 시날평지를 만나 거기 거류하며 3 서로 말
하되 자, 벽돌을 만들어 견고히 굽자 하고 이에 벽돌로 돌을 대신하
며 역청으로 진흙을 대신하고 4 또 말하되 자, 성읍과 탑을 건설하여
그 탑 꼭대기를 하늘에 닿게 하여 우리 이름을 내고 온 지면에 흩어
짐을 면하자 하였더니 5 여호와께서 사람들이 건설하는 그 성읍과
탑을 보려고 내려오셨더라 6 여호와께서 이르시되 이 무리가 한 족
속이요 언어도 하나이므로 이같이 시작하였으니 이 후로는 그 하고
자 하는 일을 막을 수 없으리로다 7 자, 우리가 내려가서 거기서 그
들의 언어를 혼잡하게 하여 그들이 서로 알아듣지 못하게 하자 하시
고 8 여호와께서 거기서 그들을 온 지면에 흩으셨으므로 그들이 그
도시를 건설하기를 그쳤더라 9 그러므로 그 이름을 바벨이라 하니
이는 여호와께서 거기서 온 땅의 언어를 혼잡하게 하셨음이니라 여
호와께서 거기서 그들을 온 지면에 흩으셨더라

1) 지구상에 처음에는 온 민족이 한 언어를 사용하고 있었다.

2) 사람들은 돌과 진흙을 대신해서 벽돌과 역청으로 성읍과 탑을 건설하였다.

3) 하나님은 왜 바벨탑을 건설하지 못하게 하셨는가?

6. 하나님의 끊임없는 사랑

1) 아담과 하와에게 가죽 옷을 입히신 하나님

◉ 창3:21/ 여호와 하나님이 아담과 그의 아내를 위하여 가죽 옷을 지어 입히시니라

2) 가인에게 표를 주신 하나님

◉ 창4:15/ 여호와께서 그에게 이르시되 그렇지 아니하다 가인을 죽이는 자는 벌을 칠 배나 받으리라 하시고 가인에게 표를 주사 그를 만나는 모든 사람에게서 죽임을 면하게 하시니라

3) 아담과 하와에게 아벨 대신에 셋을 주신 하나님

◉ 창4:25/ 아담이 다시 자기 아내와 동침하매 그가 아들을 낳아 그의 이름을 셋이라 하였으니 이는 하나님이 내게 가인이 죽인 아벨 대신에 다른 씨를 주셨다 함이며

4) 노아 가족에게 방주를 주신 하나님

◉ 창6:14-22/ 14 너는 고페르 나무로 너를 위하여 방주를 만들되 그 안에 칸들을 막고 역청을 그 안팎에 칠하라 ~ 17 내가 홍수를 땅에 일으켜 무릇 생명의 기운이 있는 모든 육체를 천하에서 멸절하리니 땅에 있는 것들이 다 죽으리라 18 그러나 너와는 내가 내 언약을 세우리니 너는 네 아들들과 네 아내와 네 며느리들과 함께 그 방주로 들어가고 ~ 21 너는 먹을 모든 양식을 네게로 가져다가 저축하라 이것이 너와 그들의 먹을 것이 되리라 22 노아가 그와 같이 하여 하나님이 자기에게 명하신 대로 다 준행하였더라

5) 노아 가족에게 고기를 허락하신 하나님

◉ 창9:3-4/ 3 모든 산 동물은 너희의 먹을 것이 될지라 채소 같이 내가 이것을 다 너희에게 주노라 4 그러나 고기를 그 생명 되는 피째 먹지 말 것이니라

6) 무지개 언약을 하신 하나님

◉ 창9:11-13/ 11 내가 너희와 언약을 세우리니 다시는 모든 생물을 홍수로 멸하지 아니할 것이라 땅을 멸할 홍수가 다시 있지 아니하니라 12 하나님이 이르시되 내가 나와 너희와 및 함께하는 모든 생물 사이에 대대로 영원히 세우는 언약의 증거는 이것이니라 13 내가 내 무지개를 구름 속에 두었나니 이것이 나와 세상 사이의 언약의 증거니라

7) 새로운 민족을 준비하시는 하나님

◉ 창12:1-2/ 1 여호와께서 아브람에게 이르시되 너는 너의 고향과 친척과 아버지의 집을 떠나 내가 네게 보여 줄 땅으로 가라 2 내가 너로 큰 민족을 이루고 네게 복을 주어 네 이름을 창대하게 하리니 너는 복이 될지라

♣ 적용과 나눔

① 하나님이 나를 창조하신 목적이 무엇이라고 생각하는지 적어보고 나누어 봅시다.

② 우리 집에 흐르는 가계의 저주는 무엇인가요?

③ 하나님의 끊임없는 사랑을 체험한 적이 있다면 나누어 봅시다.

♣ 기도

우리 집안의 가계에 흐르는 저주가 끊어지기를 기도하고, 인간의 연약함에도 불구하고 계속해서 사랑하시는 하나님께 감사기도를 드리자

2

믿음의 조상 아브라함

(창12:1-5)

하나님은 하나님의 나라를 건설하기를 원하신다. 나라를 건설하는 데에는 3가지 요건이 있는데 첫째는 영토, 둘째는 백성, 셋째는 주권이다. 하나님 나라의 주권자는 하나님이시고, 영토는 천지를 다 영토로 삼으셨으며, 이제 하나님의 백성만 번성시키면 되는 과정에서 하나님은 아브라함을 선택하셨다.

하나님이 아브라함을 선택하신 것은 전적인 하나님의 은혜이다. 하지만 선택을 받았다고하여 바로 믿음의 조상이 되는 것은 아니었다. 아브라함은 믿음의 조상이 되기 위해서 철저한 훈련을 받아야만 했다. 아브라함이 선택받고 부름 받아서 믿음의 조상이 되기까지는 약 40년의 세월이 걸렸다. 믿음의 가문을 세우는 일은 그리 쉬운 일이 아님에는 틀림이 없다.

지금 우리는 믿음의 가문을 세우기 위하여 이 자리에 모였다. 하나님이 우리 집안에서 나를 선택하심을 믿어야 할 것이다. 그리고 나는 지금 믿음의 조상이 되기 위하여 하나님의 훈련을 받고 있음을 깨달아야 할 것이다. 우리는 훈련을 잘 받아 우리의 영적인 가문을 세우는데 전념해야 할 것이다.

1. 선택받은 아브람

◉ 창12:1-4/ 1 여호와께서 아브람에게 이르시되 너는 너의 고향과
친척과 아버지의 집을 떠나 내가 네게 보여줄 땅으로 가라 2 내가
너로 큰 민족을 이루고 네게 복을 주어 네 이름을 창대하게 하리니
너는 복이 될지라 3 너를 축복하는 자에게는 내가 복을 내리고 너를
저주하는 자에게는 내가 저주하리니 땅의 모든 족속이 너로 말미암
아 복을 얻을 것이라 하신지라 4 이에 아브람이 여호와의 말씀을 따
라갔고 롯도 그와 함께 갔으며 아브람이 하란을 떠날 때에 칠십오
세였더라

1) 아브람은 어떤 사람인지 이야기해 봅시다.

2) 아브람의 집안은 믿는 집안이 아니었다.

3) 아브람은 아주 힘든 환경에서 하나님이 부르셨다.

4) 아브람은 고향과 친척과 아버지의 집을 떠나야 했다.

5) 선택받은 자가 할 일은 여호와의 말씀을 따라가는 것이다.

2. 믿음의 조상이 되기 위한 훈련

▶ 1코스- 기근을 극복하는 훈련

◉ 창12:10/ 그 땅에 기근이 들었으므로 아브람이 애굽에 거류하려고 그리로 내려갔으니 이는 그 땅에 기근이 심하였음이라

① 가나안 땅에 거하기보다는 애굽 땅으로 내려가고자 하는 아브람

② 죽음을 두려워하여 아내를 누이라고 속이는 아브람

③ 양과 소와 노비와 나귀와 낙타와 부인을 맞바꾸는 아브람

④ 아브람의 아내 사래의 일로 바로에게 큰 재앙을 내리시는 하나님(17절)

▶ 2코스- 양보하는 훈련

◉ 창13:5-9/ 5 아브람의 일행 롯도 양과 소와 장막이 있으므로
6 그 땅이 그들이 동거하기에 넉넉하지 못하였으니 이는 그들의 소
유가 많아서 동거할 수 없었음이니라 7 그러므로 아브람의 가축의
목자와 롯의 가축의 목자가 서로 다투고 또 가나안 사람과 브리스
사람도 그 땅에 거주하였는지라 8 아브람이 롯에게 이르되 우리는
한 친족이라 나나 너나 내 목자나 네 목자나 서로 다투게 하지 말자
9 네 앞에 온 땅이 있지 아니하냐 나를 떠나가라 네가 좌하면 나는
우하고 네가 우하면 나는 좌하리라

① 아브람의 가축의 목자와 롯의 가축의 목자가 우물 때문에 서로 다투었다.

② 아브람이 조카 롯에게 먼저 선택의 권한을 주었다.

③ 롯은 요단 지역을 택하고 동쪽으로 옮겨 소돔까지 갔다.

④ 하나님이 보이는 땅을 너와 네 자손에게 주시겠다고 약속하셨다. (15절)

▶ 3코스- 전쟁을 통한 담력 훈련

◉ 창14:14-16/ 14 아브람이 그의 조카가 사로잡혔음을 듣고 집에
서 길리고 훈련된 자 삼백십팔 명을 거느리고 단까지 쫓아가서
15 그와 그의 가신들이 나뉘어 밤에 그들을 쳐부수고 다메섹 왼편
호바까지 쫓아가 16 모든 빼앗겼던 재물과 자기의 조카 롯과 그의
재물과 또 부녀와 친척을 다 찾아왔더라

① 소돔 왕이 12년을 그돌라오멜 왕을 섬기다가 13년에 배반하여서 전쟁이 일어났다.

② 네 왕과 다섯 왕이 맞서서 싸우다가 소돔 왕과 고모라 왕이 달아났다.

③ 롯도 사로잡히고 재물까지 다 빼앗겼다.

④ 아브람이 조카 롯과 재물과 부녀와 친척을 다 찾아왔다.

⑤ 하나님은 네 왕의 세력과 318명이 맞서서 싸워 이기는 훈련을 시키셨다.

▶ 4코스- 물질 훈련

◉ 창14:17-24/ 17 아브람이 그돌라오멜과 그와 함께 한 왕들을 쳐부수고 돌아올 때에 소돔 왕이 사웨 골짜기 곧 왕의 골짜기로 나와 그를 영접하였고 18 살렘 왕 멜기세덱이 떡과 포도주를 가지고 왔으니 그는 지극히 높으신 하나님의 제사장이었더라 19 그가 아브람에게 축복하여 이르되 천지의 주재이시오 지극히 높으신 하나님이여 아브람에게 복을 주옵소서 20 너희 대적을 네 손에 붙이신 지극히 높으신 하나님을 찬송할지로다 하매 아브람이 그 얻은 것에서 십분의 일을 멜기세덱에게 주었더라

① 멜기세덱이 너희 대적을 네 손에 붙이신 분은 하나님이심을 깨닫게 하였다.

② 아브람이 전쟁에서 얻은 부산물의 십일조를 멜기세덱에게 주었다.

③ 소돔 왕이 아브람에게 사람은 보내고 물품은 가지라고 말하였다.

④ 아브람은 치부하였다 할까 하여 아무것도 가지지 않았다.

⑤ 젊은이들이 먹은 것과 동행한 아넬과 에스골과 마므레의 분깃은 챙겨주었다.

⑥ 하나님은 아브람에게 십일조 훈련과 가져야 할 물건에 대한 훈련을 시켰다.

▶ **5코스- 상속자훈련**

◉ 창15:1-11/ 1 이 후에 여호와의 말씀이 환상 중에 아브람에게
임하여 이르시되 아브람아 두려워하지 말라 나는 네 방패요 너의 지
극히 큰 상급이니라 2 아브람이 이르되 주 여호와여 무엇을 내게 주
시려 하나이까 나는 자식이 없사오니 나의 상속자는 이 다메섹 사람
엘리에셀이니이다 3 아브람이 또 이르되 주께서 내게 씨를 주지 아
니하셨으니 내 집에서 길린 자가 내 상속자가 될 것이니이다 4 여호
와의 말씀이 그에게 임하여 이르시되 그 사람이 네 상속자가 아니라
네 몸에서 날 자가 네 상속자가 되리라 하시고 5 그를 이끌고 밖으
로 나가 이르시되 하늘을 우러러 뭇별을 셀 수 있나 보라 또 그에게
이르시되 네 자손이 이와 같으리라 6 아브람이 여호와를 믿으니 여
호와께서 이를 그의 의로 여기시고

① 하나님은 아브람의 몸에서 날 자가 상속자가 되고 하늘의 별과 같이 많아질 것이라고 말씀하시면서 횃불 언약을 맺었다.

② 아브람이 하갈에게서 86세에 이스마엘을 낳았다.

③ 하나님은 아브람이 99세에 이름을 바꾸시고, 할례 언약을 맺었다.

④ 아브라함이 100세에 이삭을 낳았다.

⑤ 하나님은 연약한 아브라함의 선택에도 불구하고 아브라함을 사용하시면서 하나님의 뜻을 이루어 나가셨다.

▶ 6코스- 중보기도훈련

◉ 창18:22-33/ 22 그 사람들이 거기서 떠나 소돔으로 향하여 가
고 아브라함은 여호와 앞에 그대로 섰더니 23 아브라함이 가까이 나
아가 이르되 주께서 의인을 악인과 함께 멸하려 하시나이까 24 그
성 중에 의인 오십명이 있을지라도 주께서 그 곳을 멸하시고 그 오
십 의인을 위하여 용서하지 아니하시리이까 ~ 28 오십 의인 중에 오
명이 부족하다면 그 오명이 부족함으로 말미암아 온 성읍을 멸하시
리이까 이르시되 내가 거기서 사십오 명을 찾으면 멸하지 아니하리
라 ~ 32 아브라함이 또 이르되 주는 노하지 마옵소서 내가 이번만
더 아뢰리이다 거기서 십 명을 찾으시면 어찌 하려 하시나이까 이르
시되 내가 십 명으로 말미암아 멸하지 아니하리라 33 여호와께서 아
브라함과 말씀을 마치시고 가시니 아브라함도 자기 곳으로 돌아갔더라

① 아브라함은 6번에 걸쳐서 중보기도를 한다.

② 하나님은 의인 10명만 있으면 소돔과 고모라를 멸망하지 않겠다고 약속하셨다.

③ 하나님도 소돔과 고모라를 사랑하시고 멸망 받지 않기를 원하셨다.

▶ **7코스- 로드쉽훈련**

◉ 창22:1-2/ 1 그 일 후에 하나님이 아브라함을 시험하시려고 그를 부르시되 아브라함아 하시니 그가 이르되 내가 여기 있나이다
2 여호와께서 이르시되 네 아들 네 사랑하는 독자 이삭을 데리고 모리아 땅으로 가서 내가 네게 일러 준 한 산 거기서 그를 번제로 드리라

① 하나님은 아브라함에게 독자 이삭을 바치라고 말씀하셨다.

② 아브라함은 믿음으로 이삭을 바치려고 산으로 올라갔다.

③ 하나님 앞에 전적으로 순종할 때 이삭도 살리고, 믿음의 조상이라고 인정받았다.

♣ 적용과 나눔

① 하나님의 나라를 위하여 아브라함처럼 내가 선택받았다는 확신이 있는가?

② 믿음의 조상이 되기 위하여 훈련받는 단계 중 나는 어디쯤 가고 있는가?

③ 믿음의 훈련중 내가 잘 통과하는 코스와 잘 안되는 코스는 무엇인가?

♣ 기도

아브라함이 믿음의 조상이 되기까지 수 많은 훈련을 받은 것처럼 나에게 주어진 훈련을 잘 감당할 수 있기를 간절히 기도하자.

3

백배 축복의 주인공 이삭

(창 26:12-15)

모태신앙의 장점이 무엇인가? 부모님이 하나님 앞에 신앙생활하는 모습을 보고 배움으로 하나님 앞에 더 가까이 나아가는데 큰 도움을 얻는 것이다. 부모가 하나님 앞에 훈련을 잘 받았다고 해서 전적으로 자녀는 그냥 믿음의 조상이 되는 것은 아니다. 때론 영적인 부모의 덕을 보기도 하지만 때때로 육적인 유전적인 요인들이 발목을 잡을 때도 많이 있다.

우리가 이 시간 살펴보고자 하는 이삭은 모태신앙이다. 이삭은 부모님의 유전적인 요인과 영적인 요인들을 되풀이하면서 실수를 하지만 그래도 그는 하나님의 말씀을 중심으로 살려고 하고, 모든 말씀에 순종하는 모습을 보여줌으로써 신앙의 힘으로 환경을 극복하며 승리한다. 오늘 이 시간을 통하여 우리 또한 백배 축복의 주인공이 되기를 바란다.

1. 모태신앙 이삭

◉ 창21:1-7/ 1 여호와께서 말씀하신 대로 사라를 돌보셨고 여호와
께서 말씀하신 대로 사라에게 행하셨으므로 2 사라가 임신하고 하나
님의 말씀하신 시기가 되어 노년의 아브라함에게 아들을 낳으니
3 아브라함이 그에게 태어난 아들 곧 사라가 자기에게 낳은 아들을
이름하여 이삭이라 하였고 4 그 아들 이삭이 난 지 팔 일 만에 그가
하나님이 명령하신 대로 할례를 행하였더라 5 아브라함이 그의 아들
이삭이 그에게 태어날 때에 백 세라 6 사라가 이르되 하나님이 나를
웃게 하시니 듣는 자가 다 나와 함께 웃으리로다 7 또 이르되 사라
가 자식을 젖먹이겠다고 누가 아브라함에게 말하였으리요마는 아브
라함의 노경에 내가 아들을 낳았도다 하니라

1) 이삭이라는 이름을 떠올리면 어떤 생각이 나는지 이야기해 보자

2) 이삭은 하나님의 계획에 의해서 태어난 아이였다.

3) 이삭의 출생은 아브라함과 사라 집안의 불임을 해결하였다.

4) 이삭의 출생은 모든 사람들에게 ______ 을 주었다.

5) 그러나 본의 아니게 또 다른 사람들에게는 위협이 되기도 하였다. (창21:10)

2. 순종하는 이삭

◉ 창22:1-19/ 1 그 일 후에 하나님이 아브라함을 시험하시려고 그
를 부르시되 아브라함아 하시니 그가 이르되 내가 여기 있나이다
2 여호와께서 이르시되 네 아들 네 사랑하는 독자 이삭을 데리고 모
리아 땅으로 가서 내가 네게 일러 준 한 산 거기서 그를 번제로 드
리라 3 아브라함이 아침에 일찍이 일어나 나귀에 안장을 지우고 두
종과 그의 아들 이삭을 데리고 번제에 쓸 나무를 쪼개어 가지고 떠
나 하나님이 자기에게 일러 주신 곳으로 가더니 4 제삼일에 아브라
함이 눈을 들어 그 곳을 멀리 바라본지라 5 이에 아브라함이 종들에
게 이르되 너희는 나귀와 함께 여기서 기다리라 내가 아이와 함께
저기 가서 예배하고 우리가 너희에게로 돌아오리라 하고 6 아브라함
이 이에 번제 나무를 가져다가 그의 아들 이삭에게 지우고 자기는
불과 칼을 손에 들고 두 사람이 동행하더니 7 이삭이 그 아버지 아
브라함에게 말하여 이르되 내 아버지여 하니 그가 이르되 내 아들아
내가 여기 있노라 이삭이 이르되 불과 나무는 있거니와 번제할 어린
양은 어디 있나이까 8 아브라함이 이르되 내 아들아 번제할 어린 양
은 하나님이 자기를 위하여 친히 준비하시리라 하고 두 사람이 함께
나아가서 9 하나님이 그에게 일러 주신 곳에 이른지라 이에 아브라
함이 그 곳에 제단을 쌓고 나무를 벌여 놓고 그의 아들 이삭을 결박
하여 제단 나무 위에 놓고 10 손을 내밀어 칼을 잡고 그 아들을 잡
으려 하니 11 여호와의 사자가 하늘에서부터 그를 불러 이르시되 아
브라함아 아브라함아 하시는지라 아브라함이 이르되 내가 여기 있나
이다 하매 12 사자가 이르시되 그 아이에게 네 손을 대지 말라 네
아들 네 독자까지도 내게 아끼지 아니하였으니 내가 이제야 네가 하
나님을 경외하는 줄 아노라

1) 이삭은 하나님이 아버지 아브라함을 시험하는 도구로 사용되었다.

2) 이삭은 아버지가 번제하기 위해서 모리아산으로 가자고 할 때 동행하였다.

3) 이삭은 삼일 길을 갔지만 불평하지 않고 조용히 순종하였다.

4) 아버지 아브라함이 번제 나무를 가져다가 그의 아들 이삭에게 지웠음에도 불평하지 않고 순종하였다.

5) 이삭은 불과 나무는 있는데 번제할 어린양이 없음에 대해서 번제를 체크했다.

6) 이삭은 자신을 결박하여 제단 나무 위에 놓았는데도 도망가지 않았다.

7) 아버지가 칼로 자신을 죽이려고 하는 순간까지 순종하였다.

8) 이삭은 예수 그리스도의 모형이었다.

3. 결혼한 이삭

◉ 창24:1-4/ 1 아브라함이 나이가 많고 늙었고 여호와께서 그에게 범사에 복을 주셨더라 2 아브라함이 자기 집 모든 소유를 맡은 늙은 종에게 이르되 청하건대 내 허벅지 밑에 네 손을 넣으라 3 내가 너에게 하늘의 하나님, 땅의 하나님이신 여호와를 가리켜 맹세하게 하노니 너는 내가 거주하는 이 지방 가나안 족속의 딸 중에서 내 아들을 위하여 아내를 택하지 말고 4 내 고향 내 족속에게로 가서 내 아들 이삭을 위하여 아내를 택하라

1) 아브라함은 자기 집 모든 소유를 맡은 늙은 종에게 청하여 허벅지 밑에 손을 넣고 맹세하게 하였다.

2) 내가 거주하는 이 지방 가나안 족속의 딸 중에서 내 아들을 위하여 아내를 택하지 말라

3) 아브라함의 고향 아브라함의 족속에게로 가서 내 아들 이삭을 위하여 아내를 택하라

4) 이삭은 아버지의 뜻을 따라 믿음의 가문에서 아내를 선택하였다.

5) 이삭도 불임의 문제가 있었다. (창25:20-21)

4. 백배의 축복을 받는 이삭

◉ 창26:1-13/ 1 아브라함 때에 첫 흉년이 들었더니 그 땅에 또
흉년이 들매 이삭이 그랄로 가서 블레셋 왕 아비멜렉에게 이르렀더
니 2 여호와께서 이삭에게 나타나 이르시되 애굽으로 내려가지 말고
내가 네게 지시하는 땅에 거주하라 3 이 땅에 거류하면 내가 너와
함께 있어 네게 복을 주고 내가 이 모든 땅을 너와 네 자손에게 주
리라 내가 네 아버지 아브라함에게 맹세한 것을 이루어 4 네 자손을
하늘의 별과 같이 번성하게 하며 이 모든 땅을 네 자손에게 주리니
네 자손으로 말미암아 천하 만민이 복을 받으리라 5 이는 아브라함
이 내 말을 순종하고 내 명령과 내 계명과 내 율례와 내 법도를 지
켰음이라 하시니라 6 이삭이 그랄에 거주하였더니 ~~ 12 이삭이 그
땅에서 농사하여 그 해에 백배나 얻었고 여호와께서 복을 주시므로
13 그 사람이 창대하고 왕성하여 마침내 거부가 되어

1) 이삭이 백배의 축복을 받은 이유는 흉년이 들었을 때 애굽으로 내려가지 않고 하나님이 지시하는 땅에 거류했기 때문이다. (2절)

2) 이삭이 백배의 축복을 받은 이유는 하나님이 함께 하셔서 복을 주셨기 때문이다. (3절)

3) 이삭이 백배의 축복을 받은 이유는 하나님께서 아브라함에게 맹세한 언약 때문이다. (3-4절)

5. 양보하는 이삭

◉ 창26:12-16/ 12 이삭이 그 땅에서 농사하여 그 해에 백 배나 얻었고 여호와께서 복을 주시므로 13 그 사람이 창대하고 왕성하여 마침내 거부가 되어 14 양과 소가 떼를 이루고 종이 심히 많으므로 블레셋 사람이 그를 시기하여 15 그 아버지 아브라함 때에 그 아버지의 종들이 판 모든 우물을 막고 흙을 메웠더라 16 아비멜렉이 이삭에게 이르되 네가 우리보다 크게 강성한즉 우리를 떠나라

1) 백배의 축복 뒤에 블레셋 사람들의 시기가 있었다.

2) 이삭이 우물을 판 경로를 살펴보자.

◉ 그랄 ⇒ 그랄골짜기; 에섹(다툼) ⇒ 싯나(대적함)
⇒ 르호봇 (장소가 넓음) ⇒ 브엘세바

3) 아비멜렉이 이삭에게 화해를 요청하였다.

4) 이삭은 오직 하나님이 축복하실 때 까지 양보하였다.

6. 자녀를 축복하는 이삭

◉ 창27:27-29/ 27 그가 가까이 가서 그에게 입맞추니 아버지가 그의 옷의 향취를 맡고 그에게 축복하여 이르되 내 아들의 향취는 여호와께서 복 주신 밭의 향취로다 28 하나님은 하늘의 이슬과 땅의 기름짐이며 풍성한 곡식과 포도주를 네게 주시기를 원하노라 29 만민이 너를 섬기고 열국이 네게 굴복하리니 네가 형제들의 주가 되고 네 어머니의 아들들이 네게 굴복하며 너를 저주하는 자는 저주를 받고 너를 축복하는 자는 복을 받기를 원하노라

1) 부모로서 자녀에게 영적인 축복기도를 소중하게 생각하였다.

2) 에서는 회개할 기회를 얻지 못하였다. (34절)

3) 이삭이 야곱에게 밧단아람 외삼촌 라반의 딸 중에서 아내를 맞이할 것을 권고하였다.

4) 이삭은 기럇아르바 즉 헤브론에서 180세에 기운이 다해서 열조에게로 돌아갔다.

♣ 적용과 나눔

① 이삭이 백배의 축복을 받은 비결이 무엇이었는지 나눠봅시다.

② 이삭이 가지고 있는 신앙에서 본 받을 점은 무엇인가요?

③ 이삭의 출생부터 죽음에 이르기까지 느낀 점에 대해서 나누어 봅시다.

♣ 기도

이삭처럼 백배의 축복 받는 주인공이 되기를 간절히 기도하자.

4

하나님의 복을 사모하는 야곱

(창28:10-22)

성숙한 사람이 되려면 갖추어야 할 3가지가 있다. 첫째는 인성, 둘째는 지성, 셋째는 영성이다. 인성은 태어나면서 부모님의 유전자를 물려받기 때문에 부모님이 어릴 때 취약점을 파악하여 자녀에게 보충하여 잘 교육할 때 인성이 올바르게 형성될 수 있다. 지성은 교육기관을 통해서 갖춰진다. 그래서 좋은 학교 좋은 선생님을 만나는 것은 정말 중요하다. 영성은 교회에 나와서 신앙생활을 하면서 영적 지도자를 통하여 습득하게 되는 것이다. 말씀과 기도로 훈련할 때 영성이 좋아지는 것이다. 이 세 가지를 잘 갖추려면 마음 자세가 중요한데 그것은 사모하는 마음이다. 사모하는 마음이 있는 사람은 인성, 지성, 영성에서도 탁월한 일인자가 될 수 있다. 야곱은 사모함의 일인자였다. 장자권을 사모하고, 아내를 얻기를 사모하고, 집안을 세우기를 사모하고, 갈등을 해결하기를 사모하고, 축복 받기를 사모하는 사람이었다. 이 시간 우리는 야곱과 같이 축복을 사모하는 마음으로 임하여 하나님의 축복을 받기를 소망한다.

1. 복 받기를 사모한 야곱

◉ 창25:21-31/ 21 이삭이 그의 아내가 임신하지 못하므로 그를 위하여 여호와께 간구하매 여호와께서 그의 간구를 들으셨으므로 그의 아내 리브가가 임신하였더니 22 그 아들들이 그의 태속에서 서로 싸우는지라 그가 이르되 이럴 경우에는 내가 어찌할꼬 하고 가서 여호와께 묻자온대 ~ 26 후에 나온 아우는 손으로 에서의 발꿈치를 잡았으므로 그 이름을 야곱이라 하였으며 리브가가 그들을 낳을 때에 이삭이 육십 세였더라 ~ 31 야곱이 이르되 형의 장자의 명분을 오늘 내게 팔라

1) 야곱을 생각하면 떠오르는 이미지나 사건이 무엇이 있는지 나누어보자

2) 야곱은 태어나기 전 태 속에서 부터 먼저 태어나려고 싸웠다.

3) 태어날 때도 손으로 에서의 발꿈치를 잡았다.

4) 태어나서도 에서의 장자 명분을 ---------과--------을 주고 샀다.

5) 아버지 이삭으로부터 축복기도를 받았다.

◉ 창27:27-29/ 27 그가 가까이 가서 그에게 입맞추니 아버지가 그의 옷의 향취를 맡고 그에게 축복하여 이르되 내 아들의 향취는 여호와께서 복 주신 밭의 향취로다 28 하나님은 하늘의 이슬과 땅의 기름짐이며 풍성한 곡식과 포도주를 네게 주시기를 원하노라 29 만민이 너를 섬기고 열국이 네게 굴복하리니 네가 형제들의 주가 되고 네 어머니의 아들들이 네게 굴복하며 너를 저주하는 자는 저주를 받고 너를 축복하는 자는 복을 받기를 원하노라

① 하늘의 이슬과 땅의 기름짐이며 풍성한 곡식과 포도주를 네게 주시기를 원하노라

② 만민이 너를 섬기고 열국이 네게 굴복하리니 네가 형제들의 주가 되고 네 어머니의 아들들이 네게 굴복하며

③ 너를 저주하는 자는 저주를 받고 너를 축복하는 자는 축복 받기를 원하노라

2. 평안의 복을 사모하는 야곱

◉ 창28:20-22/ 20 야곱이 서원하여 이르되 하나님이 나와 함께 계셔서 내가 가는 이 길에서 나를 지키시고 먹을 떡과 입을 옷을 주시어 21 내가 평안히 아버지 집으로 돌아가게 하시오면 여호와께서 나의 하나님이 되실 것이요 22 내가 기둥으로 세운 이 돌이 하나님의 집이 될 것이요 하나님께서 내게 주신 모든 것에서 십분의 일을 내가 반드시 하나님께 드리겠나이다 하였더라

1) 이삭은 야곱에게 밧단아람의 외조부 브두엘의 집에 가서 외삼촌 라반의 딸 중에서 아내를 맞이하라고 하였다.

2) 야곱은 벧엘에서 기도할 때 하나님께서 함께 해주시고, 지켜주시고, 양식과 옷을 주셔서 아버지 집으로 평안히 돌아가게 해주시기를 기도하였다.

3) 야곱이 아버지 집으로 평안히 돌아오게 하시면 어떻게 하겠다고 했는가?

3. 라헬 얻기를 사모한 야곱

◉ 창29:18-20/ 18 야곱이 라헬을 더 사랑하므로 대답하되 내가 외삼촌의 작은 딸 라헬을 위하여 외삼촌에게 칠 년을 섬기리이다
19 라반이 이르되 그를 네게 주는 것이 타인에게 주는 것보다 나으니 나와 함께 있으라
20 야곱이 라헬을 위하여 칠 년 동안 라반을 섬겼으나 그를 사랑하는 까닭에 칠 년을 며칠 같이 여겼더라

1) 야곱은 외삼촌의 작은 딸 라헬을 아내로 맞이하기 위하여 7년을 며칠 같이 여기며 봉사했다.

2) 야곱은 외삼촌에게 속아서 레아를 먼저 아내로 맞이하고 라헬을 맞이하기 위하여 또 7년을 봉사했다.

3) 야곱이 라헬을 위하여 7년 동안 라반을 섬겼지만 오랜 세월을 버틸 수 있었던 이유는 라헬을 사랑했기 때문이다.

4. 집 세우기를 사모한 야곱

◉ 창30:25-43/ 25 라헬이 요셉을 낳았을 때에 야곱이 라반에게 이르되 나를 보내어 내 고향 나의 땅으로 가게 하시되 26 내가 외삼촌에게서 일하고 얻은 처자를 내게 주시어 나로 가게하소서 내가 외삼촌에게 한 일은 외삼촌이 아시나이다 ~ 30 내가 오기 전에는 외삼촌의 소유가 적더니 번성하여 떼를 이루었으니 내 발이 이르는 곳마다 여호와께서 외삼촌에게 복을 주셨나이다 그러나 나는 언제 내 집을 세우리이까

1) 야곱이 자신의 집을 세우기 위하여 라반 삼촌에게 자신의 품삯을 줄 것을 제안 하였다.

2) 양 중에 아롱진 것과 점 있는 것과 검은 것을 가려내며, 또 염소 중에 점 있는 것과 아롱진 것을 가려내어서 야곱의 품삯이 되게 하였다.

3) 라반은 자신의 양과 야곱의 양 사이를 사흘 길이 뜨게 하였고, 야곱은 라반의 남은 양떼를 치게 하였다.

4) 야곱이 양 떼가 물을 먹으러 올 때에 나뭇가지를 벗겨서 양이 새끼 배는 데 사용함으로 양과 염소의 소유를 자신의 것으로 만들었다.

5. 관계 회복을 사모한 야곱

◉ 창32:6-32/ 6 사자들이 야곱에게 돌아와 이르되 우리가 주인의
형 에서에게 이른즉 그가 사백 명을 거느리고 주인을 만나려고 오더
이다 7 야곱이 심히 두렵고 답답하여 자기와 함께 한 동행자와 양과
소와 낙타를 두 떼로 나누고 8 이르되 에서가 와서 한 떼를 치면 남
은 한 떼는 피하리라 하고 ~ 24 야곱이 홀로 남았더니 어떤 사람이
날이 새도록 야곱과 씨름하다가 25 자기가 야곱을 이기지 못함을 보
고 그가 야곱의 허벅지 관절을 치매 야곱의 허벅지 관절이 그 사람
과 씨름할 때에 어긋났더라 ~ 26 그가 이르되 날이 새려하니 나로
가게 하라 야곱이 이르되 당신이 내게 축복하지 아니하면 가게 하지
아니하겠나이다 27 그 사람이 그에게 이르되 네 이름이 무엇이냐 그
가 이르되 야곱이니이다 28 그가 이르되 네 이름이 다시는 야곱이라
부를 것이 아니요 이스라엘이라 부를 것이니 이는 네가 하나님과 및
사람들과 겨루어 이겼음이니라

1) 에서가 400명을 거느리고 야곱을 만나러 오고 있었다.

2) 두려움과 답답함에 사로잡힌 야곱은 살아남기 위해 계책을 세웠다.

3) 야곱이 천사와 씨름하다가 이겨서 이름이 바뀌었다.

4) 천사와 씨름 후에 야곱의 태도는 완전 바뀌었다.

◉ 창33:1-4/ 1 야곱이 눈을 들어 보니 에서가 사백 명의 장정을
거느리고 오고 있는지라 그의 자식들을 나누어 레아와 라헬과 두 여
종에게 맡기고 2 여종들과 그들의 자식들은 앞에 두고 레아와 그의
자식들은 다음에 두고 라헬과 요셉은 뒤에 두고 3 자기는 그들 앞에
서 나아가되 몸을 일곱 번 땅에 굽히며 그의 형 에서에게 가까이 가
니 4 에서가 달려와서 그를 맞이하여 안고 목을 어긋맞추어 그와 입
맞추고 서로 우니라

① 기도하기 전에는 가족들을 먼저 보내놓고 자신은 맨 뒤에 있었다.

② 기도한 후에는 가족들을 뒤에 두고 본인이 맨 앞에 나섰다.

③ 그들 앞에 나아가서 몸을 일곱 번 땅에 굽히며 그의 형 에서에게 가까이 나아갔다.

④ 에서가 달려와서 그를 맞이하여 안고 목을 어긋맞추어 그와 입맞추고 서로 울었다.

6. 사모한 대로 축복받는 야곱

◉ 창35:9-12/ 9 야곱이 밧단아람에서 돌아오매 하나님이 다시 야
곱에게 나타나사 그에게 복을 주시고 10 하나님이 그에게 이르시되
네 이름이 야곱이지마는 네 이름을 다시는 야곱이라 부르지 않겠고
이스라엘이 네 이름이 되리라 하시고 그가 그의 이름을 이스라엘이
라 부르시고 11 하나님이 그에게 이르시되 나는 전능한 하나님이라
생육하며 번성하라 한 백성과 백성들의 총회가 네게서 나오고 왕들
이 네 허리에서 나오리라 12 내가 아브라함과 이삭에게 준 땅을 네
게 주고 내가 네 후손에게도 그 땅을 주리라 하시고

1) 돌아온 야곱에게 하나님은 벧엘로 올라갈 것을 말씀하셨다.

2) 야곱이 밧단아람에서 돌아오매 하나님이 다시 야곱에게 나타나사 복을 주셨다.

3) 야곱이 받은 축복은 무엇인가?

① 이름이 야곱에서 이스라엘로 바뀌었다.

② 생육하고 번성하라는 말씀을 받았다.

③ 한 백성과 백성들의 총회가 야곱에게서 나올 것이다.

④ 왕들이 야곱의 허리에서 나올 것이다.

⑤ 아브라함과 이삭에게 준 땅을 네게 주고 네 후손에게도 줄 것이다.

♣ 적용과 나눔

① 나에게도 야곱처럼 하나님이 주시는 복을 사모하는 마음이 있는지 점검해 봅시다.

② 나는 우리 가정을 믿음의 가정으로 세우기 위해서 어떤 노력을 하고 있는지 나누어 봅시다.

③ 나는 위기를 만났을 때 어떻게 대처하는지 야곱의 위기 대처와 비교하면서 받은 은혜를 나누어 봅시다.

♣ 기도

야곱처럼 복 받기를 사모하고 행동하는 사람이 되기를 간절히 기도하자.

5

꿈꾸는자 요셉

(창37:1-11)

하나님은 사람에게 말씀하실 때 다양한 방법으로 말씀하신다. 하나님이 사람에게 의사를 전달하시는 방법 중 한 가지는 꿈이다. 아브라함이 그랄에 거주할 때 자기 아내를 누이라고 속였을 때 그랄 왕 아비멜렉이 사라를 데려갔다. 그 때 하나님이 그 밤에 아비멜렉에게 꿈을 통하여 말씀하셨다. 야곱은 브엘세바에서 떠나 하란으로 가다가 벧엘에 이르러 꿈에 사닥다리가 땅 위에 서 있는 모습을 보게 되고 하나님이 하시는 말씀을 듣게 된다.

오늘 본문에 나오는 요셉도 자신이 어떻게 미래에 쓰임 받을 것에 대해서 하나님은 꿈으로 알려주셨다. 요셉이 십칠 세에 꾸었던 꿈의 내용은 열한 곡식 단이 자신의 곡식 단에게 절하는 꿈과 해와 달과 열한 개의 별이 자신에게 절하는 꿈이다.

이 꿈은 요셉이 형제들을 다스리는 사람이 된다는 꿈이다. 요셉이 그의 미래에 어떻게 쓰임 받을 지에 대해서 하나님께서 꿈으로 보여 준 것이다.

우리는 지금 하나님이 미리 보여주신 꿈이 어떤 과정을 통하여 이루어지는지 말씀을 통하여 살펴보고자 한다.

1. 요셉의 소년시절 (17세)

◉ 창37:1-4/ 1 야곱이 가나안 땅 곧 그의 아버지가 거류하던 땅에 거주하였으니 2 야곱의 족보는 이러하니라 요셉이 십칠세의 소년으로서 그의 형들과 함께 양을 칠 때에 그의 아버지의 아내들 빌하와 실바의 아들들과 더불어 함께 있었더니 그가 그들의 잘못을 아버지에게 말하더라 3 요셉은 노년에 얻은 아들이므로 이스라엘이 여러 아들들보다 그를 더 사랑하므로 그를 위하여 채색옷을 지었더니 4 그의 형들이 아버지가 형들보다 그를 더 사랑함을 보고 그를 미워하여 그에게 편안하게 말 할 수 없었더라

1) 요셉을 생각하면 떠오르는 이미지와 사건을 아는 대로 이야기 해 보자.

2) 17세의 요셉은 형제들의 잘못을 아버지에게 고자질하는 사람이었다.

3) 요셉은 아버지의 편애 속에서 채색 옷을 입었고, 형들의 미움의 대상이 되었다.

4) 요셉은 곡식단 꿈과 해와 달과 열한 별이 자신에게 절하는 꿈을 꾸게 된다.

5) 요셉은 형제들의 미움을 받아 은 이십에 애굽으로 팔려 갔다.

2. 요셉의 청년시절 (17세~28세)

◉ 창39:1-6/ 1 요셉이 이끌려 애굽에 내려가매 바로의 신하 친위대장 애굽 사람 보디발이 그를 그리로 데려간 이스마엘 사람의 손에서 요셉을 사니라 2 여호와께서 요셉과 함께 하시므로 그가 형통한 자가 되어 그의 주인 애굽 사람의 집에 있으니 3 그의 주인이 여호와께서 그와 함께 하심을 보며 또 여호와께서 그의 범사에 형통하게 하심을 보았더라 4 요셉이 그의 주인에게 은혜를 입어 섬기매 그가 요셉을 가정 총무로 삼고 자기의 소류를 다 그의 손에 위탁하니 5 그가 요셉에게 자기의 집과 그의 모든 소유물을 주관하게 한 때부터 여호와께서 요셉을 위하여 그 애굽 사람의 집에 복을 내리시므로 여호와의 복이 그의 집과 밭에 있는 모든 소유에 미친지라 6 주인이 그의 소유를 다 요셉의 손에 위탁하고 자기가 먹는 음식 외에는 간섭하지 아니하였더라 요셉은 용모가 빼어나고 아름다웠더라

1) 애굽에 팔려가도 여호와께서 함께 하심으로 형통한 자가 되었다.

2) 요셉의 주인이 하나님이 함께 하심과 요셉의 범사에 형통하게 하심을 보았다.

3) 애굽 사람이 요셉을 통해서 하나님이 함께 하심을 보는 시간이었다. (3절)

4) 주인에게 은혜를 입어 요셉이 가정 총무가 되었다.

5) 요셉이 모든 소유물을 주관하게 한 때부터 여호와의 복이 임하였다.

6) 요셉에게 진정한 자유가 생겼다. (6절)

3. 청년에게 찾아온 유혹 (28세)

▶ 보디발 아내의 유혹

1) 눈으로 유혹하기

7 그 후에 그의 주인의 아내가 요셉에게 눈짓하다가 동침하기를 청하니

2) 말로 유혹하기

7 그 후에 그의 주인의 아내가 요셉에게 눈짓하다가 동침하기를 청하니

3) 함정파기

11 그러할 때에 요셉이 그의 일을 하러 그 집에 들어갔더니 그 집 사람들은 하나도 거기에 없었더라

4) 적극적인 유혹

12 그 여인이 그의 옷을 잡고 이르되 나와 동침하자 그러나 요셉이 자기 옷을 그 여인의 손에 버려두고 밖으로 나가매

5) 보디발 아내의 보복

14 그 여인의 집 사람들을 불러서 그들에게 이르되 보라 주인이 히브리 사람을 우리에게 데려다가 우리를 희롱하게 하는도다 그가 나와 동침하고자 내게로 들어오므로 내가 크게 소리 질렀더니

6) 감옥에 갇힌 요셉

20 이에 요셉의 주인이 그를 잡아 옥에 가두니 그 옥은 왕의 죄수를 가두는 곳 이었더라 요셉이 옥에 갇혔으나

▶ 요셉의 대처법

1) 눈짓 하다가 청할 때 거절하기

8 요셉이 거절하며

2) 유혹에 대비하기

10 여인이 날마다 요셉에게 청하였으나 요셉이 듣지 아니하여 동침하지 아니할 뿐더러 함께 있지도 아니하니라

3) 도망갈 준비하기

11-12 그러할 때에 요셉이 그의 일을 하러 그 집에 들어갔더니 그 집 사람들은 하나도 거기에 없었더라 여인이 그의 옷을 잡고 이르되 나와 동침하자 그러나 요셉이 자기 옷을 그 여인의 손에 버려두고 나가매

4) 간접적으로 금한 것 파악하기

9 이 집에는 나보다 큰 이가 없으며 주인이 아무것도 내게 금하지 아니하였어도 금한 것은 당신 뿐이니 당신은 그의 아내임이라

5) 하나님께 죄 짓지 않을 준비하기

9 그런즉 내가 어찌 이 큰 악을 행하여 하나님께 죄를 지으리이까

6) 고난을 감당할 준비하기

20 이에 요셉의 주인이 그를 잡아 옥에 가두니 그 옥은 왕의 죄수를 가두는 곳 이었더라 요셉이 옥에 갇혔으나

4. 감옥에 갇힌 요셉 (28세)

◉ 창39:21-23/ 21 여호와께서 요셉과 함께 하시고 그에게 인자를 더하사 간수장에게 은혜를 받게 하시매 22 간수장이 옥중 죄수를 다 요셉의 손에 맡기시므로 그 제반 사무를 요셉이 처리하고 23 간수장은 그의 손에 맡긴 것을 무엇이든지 살펴보지 아니하였으니 이는 여호와께서 요셉과 함께 하심이라 여호와께서 그를 범사에 형통하게 하셨더라

1) 하나님이 요셉과 함께 하심으로 감옥에서도 간수장의 은혜를 입었다.

2) 요셉이 술 맡은 관원장과 떡 굽는 관원장의 꿈을 해석하였다.
① 술 맡은 관원장

② 떡 굽는 관원장

3) 요셉이 만 이년 후에 바로왕의 꿈을 해석하게 되었다.
① 바로왕의 1차 꿈

② 바로왕의 2차 꿈

5. 총리가 된 요셉 (30세)

◉ 창41:37-46/ 37 바로와 그의 모든 신하가 이 일을 좋게 여긴지
라 38 바로가 그의 신하들에게 이르되 이와 같이 하나님의 영에 감
동된 사람을 우리가 어찌 찾을 수 있으리요 하고 39 요셉에게 이르
되 하나님이 이 모든 것을 네게 보이셨으니 너와 같이 명철하고 지
혜 있는 자가 없도다 40 너는 내 집을 다스리라 내 백성이 다 네 명
령에 복종하리니 내가 너보다 높은 것은 내 왕좌뿐이니라 41 바로가
또 요셉에게 이르되 내가 너를 애굽 온 땅의 총리가 되게 하노라 하
고 42 자기의 인장 반지를 빼어 요셉의 손에 끼우고 그에게 세마포
옷을 입히고 금사슬을 목에 걸고 43 자기에게 있는 버금 수레에 그
를 태우매 무리가 그의 앞에 소리지르기를 엎드리라 하더라 바로가
그에게 애굽 전국을 총리로 다스리게 하였더라 44 바로가 요셉에게
이르되 나는 바로라 애굽 온 땅에서 네 허락이 없이는 수족을 놀릴
자가 없으리라 하고 45 그가 요셉의 이름을 사브낫바네아라 하고 또
온의 제사장 보디베라의 딸 아스낫을 그에게 주어 아내로 삼게 하니
라 요셉이 나가 애굽 온 땅을 순찰하니라 46 요셉이 애굽 왕 바로 앞
에 설 때에 삼십 세라 그가 바로 앞을 떠나 애굽 온 땅을 순찰하니

1) 요셉의 지혜와 명철 앞에 바로와 그의 신하들이 다 인정하였다.

2) 요셉은 하나님의 영에 감동된 사람이라고 인정받았다.

3) 바로왕은 요셉에게 인장 반지와 세마포 옷과 금사슬을 목에 걸게하고 자신의 버금수레를 태웠다.

4) 하나님이 함께 하시니 30세에 총리가 되었다.

6. 위기를 극복하는 요셉 (37세)

1) 애굽 땅에 일곱 해 풍년이 그치고 일곱 해 흉년이 들기 시작하였다. (창41:53-54)

2) 기근이 온 땅에 심해지니 각국 백성들이 양식을 사려고 애굽으로 들어왔다. (창41:57)

3) 요셉의 형들이 곡식을 사려고 애굽 땅에 와서 요셉 앞에 엎드려 절하게 된다. (창42:9)

4) 요셉이 형제들을 정탐군으로 몰아 3일동안 감옥에 가두었다가 시므온만 감옥에 남기고 베냐민을 데리고 오면 정탐군이 아닌 것을 믿어 주겠다고 한다. (창42:24)

5) 요셉의 형제들은 양식을 가지고 가나안에 가서 베냐민을 데리고 다시 애굽에 양식을 사러 온다. (창43:16)

6) 요셉은 베냐민의 곡식자루에 은잔을 넣어 베냐민을 도둑으로 몰아서 위기상황을 만들어 형들을 시험한다. (창44:12)

7) 베냐민의 자루에서 은잔이 발견되자 유다가 베냐민을 대신해서 인질을 자청한다. (창44:33)

8) 요셉이 39세에 형들에게 정체를 밝히고 남은 흉년 5년을 위해서 애굽으로 내려올 것을 제안한다. (창45:1-15)

7. 태평성대를 누리는 요셉 (44세~110세)

1) 요셉은 애굽의 7년 흉년을 다 극복하였다.

2) 애굽의 토지법을 세웠다.

3) 가족을 고센땅에 머물게 하였다.

4) 야곱의 가족은 70명이 애굽에 내려오게 되었다.

5) 요셉은 110세까지 살다가 죽었다.

♣ 적용과 나눔

① 요셉의 형통함의 비결은 무엇이라고 생각합니까?
나는 그 형통함이 있는지 나누어봅시다.

② 요셉의 나이에 비교하여 나는 어떤 길을 가고 있는지 나누어 봅시다.

③ 요셉의 인생 스토리 중에서 어느 부분이 가장 감동적인지 나누어보고 나의 인생에서 감동적이었던 이야기를 나누어 봅시다.

♣ 기도

요셉처럼 꿈을 이루는 자가 되기를 간절히 기도하자.

☞ 간 증 문

(이번 맛기행치료를 통하여 은혜 받은 부분들을 적어봅시다.)

이창우 박사의 맛기행치료
창세기: 믿음의 가문을 세우자
초판인쇄 2025년 3월 18일
지은이 이창우
펴낸이 박수정
펴낸곳 도서출판 카리타스
주소 부산광역시 동구 중앙대로 298 부산 YWCA 303호
전화 051)462-5495
홈페이지 www.enkorea.kr
등록번호 제2006-000002호
ISBN 978-89-97087-92-1
※잘못된 책은 구입하신 곳에서 교환해 드립니다.